高校生からの

# フロイト漫画講座

コリンヌ・マイエール＝作　アンヌ・シモン＝画
岸田 秀＝訳

いそっぷ社

＊欄外の注は14頁を除いて、訳者によるものです。

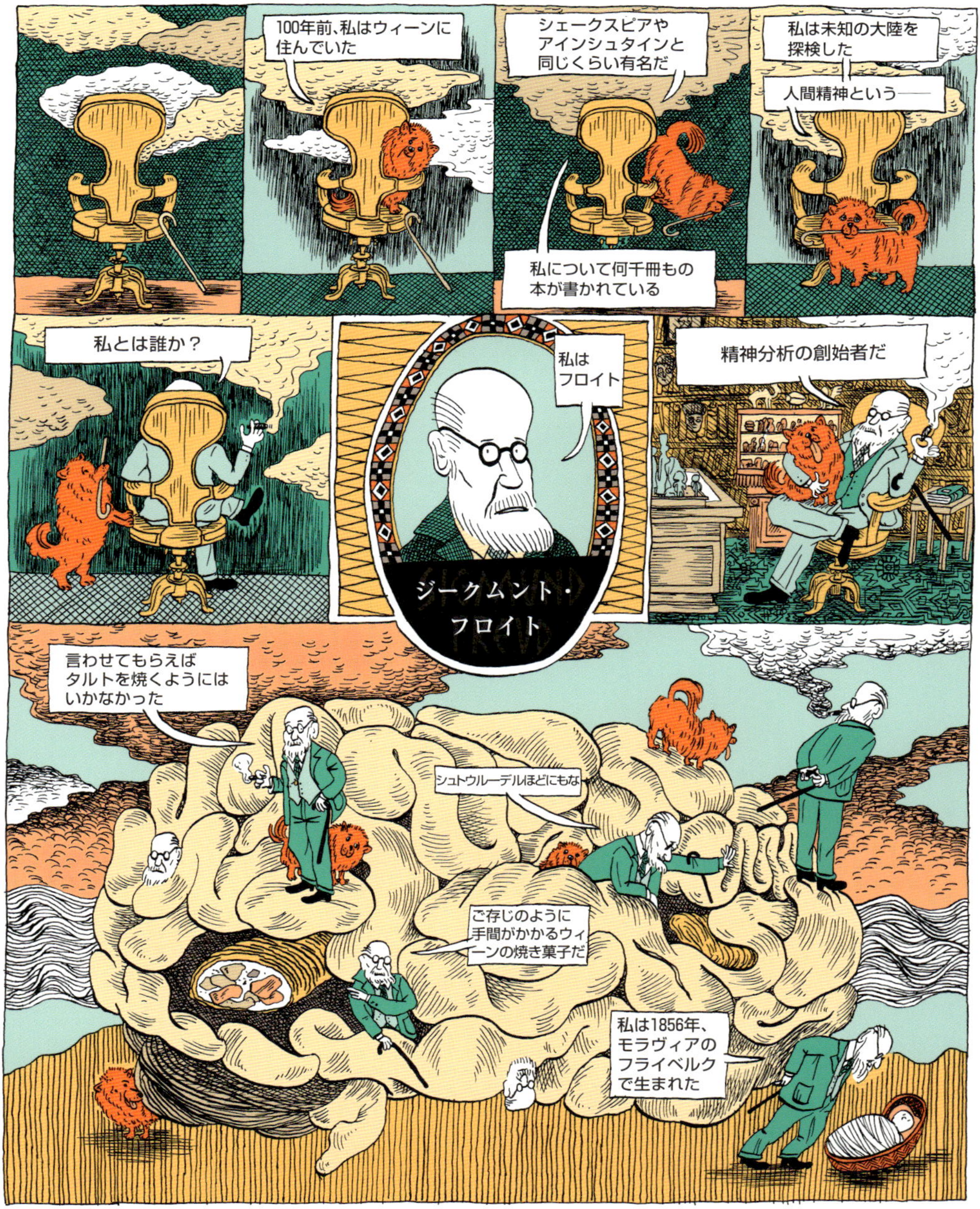
100年前、私はウィーンに住んでいた
シェークスピアやアインシュタインと同じくらい有名だ
私について何千冊もの本が書かれている
私は未知の大陸を探検した
人間精神という――
私とは誰か？
私はフロイト
ジークムント・フロイト
精神分析の創始者だ
言わせてもらえばタルトを焼くようにはいかなかった
シュトウルーデルほどにもな
ご存じのように手間がかかるウィーンの焼き菓子だ
私は1856年、モラヴィアのフライベルクで生まれた

母の秘蔵っ子でした
このジークムント坊やは
偉い人になられますよ
僕はカルタゴの将軍
ハンニバルのような英雄になる
象にまたがって
ローマと戦った
ユダヤ人だ!
そのうちわかるよ
息子よ、ユダヤ
人だということ
は大変なこと
なのだ
18歳だったある日、
ある人が私の帽子を払いのけ、
こう言った
「ユダヤ
人め!
あっちへ
行け!」
私は言われた通りにした
そうするしかなかった
僕はそうは
しないよ

３歳のとき、オーストリアのウィーンに移り住んだ
研究者になりたかったが医学をやった
医学のいいところはそれでめしが食えるということだ
しかし学者は…
!

マルタと出会った
1882年
そして恋に落ちた
マルタ、結婚してください
貧乏学生と結婚するのはダメだと母が言ってます
安心してください。もうすぐ神経科の診療所を開きます
じゃあ、そのとき結婚しましょう
それまでに学業を終了してうなぎの性器の研究をするぞ
うなぎ
これは面白い！
まだよくわかっていないコカインの実験的研究もする
コカイン、塩化水素
クリプト、アルビス
コカインは局部麻酔にとてもよく効くんだ
うなぎ
疲労回復にも役立つ
コカについて
自分自身にためしてみた
?
うなぎ
マルタにもためしてもらった
?
面白いプレゼントでしょう？
コカインの研究を発表すれば有名になれるぞ
…だが同僚たちに先を越された
COCA

コカインの研究に手間どったのはあなたのせいですよ
君に会いたくてやってきました！
あんたなんか私にふさわしくないわ
私のうちはインテリ一家なのよ！
君と結婚できるようがんばります！
あなたがなぜ急ぐのかはわからないけど…
でもあなたが好きよ！
パリ留学の奨学金をもらったよ
すぐ戻ってくるよ
医者たちは神経病の患者をどうにもできない。何も知らないのだ
フン……水療法にマッサージ療法、電気療法……
そんなのは何の役にも立たない
何の役にも立たない
どうやって人類を救うか？
サルペトリエール病院
パリ　1885年
催眠を使う世界的に有名な神経科医、シャルコーの講義を受けた。すばらしい！

見てください。患者は眠っています。暗示にかけたのです
どうなったのかしら?
腕が利かないのは神経ショックのせいです
催眠で感情が解き放されると症状は消えます!
みんなインチキだ!
!
今や、わが道は見えてきた
19
フロイト診察室
あまり客が来ないなあ
とうとうマルタと結婚できた!僕は幸せだ!
子供がみんなで6人
子供をもつのは、永遠に生きるための最もありふれた手段ではないだろうか?

# アンナ・O の症例

こんにちは ブロイアー先生
フロイト君！ パリから帰ってきたんだね！
シャルコーに会いましたよ。催眠を使って診療していました
私も催眠を使っているよ
でも私はカタルシス療法と呼んでいる
患者の話を聞くのが中心なんだ
なかでもとても興味深い女の患者がいる
うまくしゃべれないんです…
腕も動かないんです
蛇が見えるんです
指が！
黒い大きな蛇が！
アンナ、嫌な思い出を言葉にしてみてください
嫌な思い出があなたの症状の原因なのです しゃべると、よくなります
父のように、トーキング・キュアー、水が飲めない、ある日、腕が気になる、斜視 アイ・アンダースタンド、毎晩いつも気味悪い幻覚
先生…夢を見ました… 私は…あなたの… 子を…産みたい…
もしそれが本当なら？
何とでも言ってくれ！ 私は……私は妻とバカンスに出かけるよ！
ブロイアーの奴、何と卑怯な！
医者は逃げてはいけないよ！

# フロイトの

ソファに横になってください
こうですか？
それでいいです
頭に浮かんだことを言ってください
結局、催眠はいらないんだ。患者に自由にしゃべらせればいいんだ
もう歩けません…姉は死んだのです…私は姉をねたんでいました。姉の夫があまりにも魅力的でしたから
ある日、彼と一緒に散歩しました
今、義兄は自由な身です
歩けなくなることであなたはお姉さんの死を望んだ自分を罰しているんです
病気の背後には秘密が隠されている
何だって？
人間はもう自分の精神の主人ではない？
そうなんだ！人間存在は途方もない大きな力に操られている！
でも、人間は理性を手に入れたんだ！

# 方法

話はよく聴かなければならない
無意識はもつれた糸だ
無意識は仮面をかぶっている
大好きなユダヤの話をしてあげよう
ある男が隣人に鍋を貸す
これらの否定は無意識的欲望を隠している。この男は隣人をねたんでいるのだ。
話をよく聴けば、はっきりとわかる
隣人は鍋を男に返す
鍋に穴があいていたぞ！
鍋を借りたことなんかないよ！
借りたとき穴があいていたぞ
返したとき、穴なんかあいていなかったよ！

毎水曜日、
わが家で集まりがある
精神分析の騎士たちよ、
諸君はみんなフロイト派だ
英雄の心理についての
論文を書きました
恋愛を
分析する
のなら？
ドン・ファンを
分析してみよう
結局、何なのだ！
精神分析者とは？
精神分析には
科学的基盤が
なければならない！
フロイト先生…先生に会いたくて遠くからきました
子供たちは
どう育てれば
いいのでしょうか？
どう育てようと、うまくゆくことはありません。そもそも教育するなんてことはできないのです
統治するとか
精神分析するとか
と同じように…
わかってますよ。私は物笑いの種です
ソファがなければ何もできない

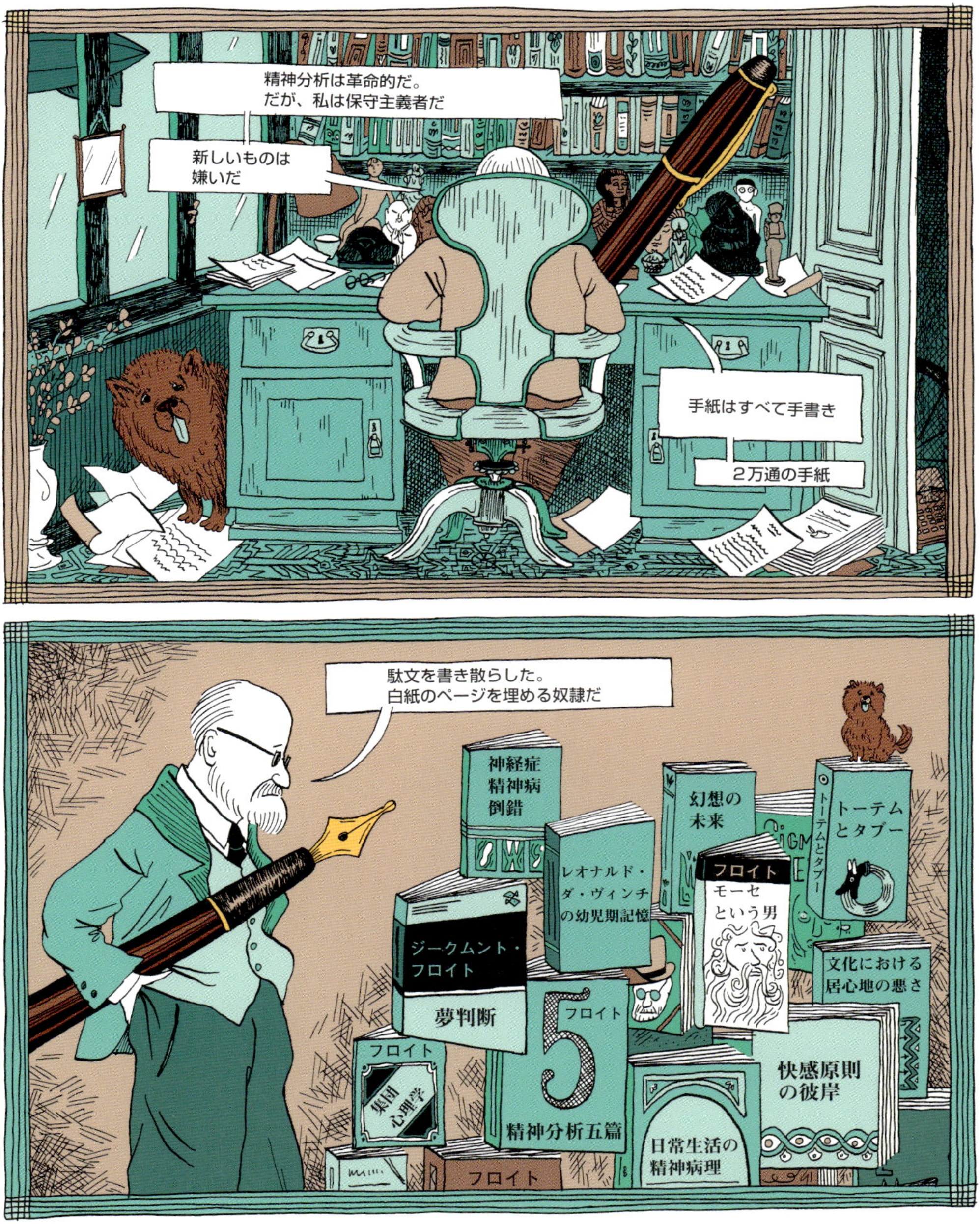
精神分析は革命的だ。
だが、私は保守主義者だ
新しいものは
嫌いだ
手紙はすべて手書き
2万通の手紙
駄文を書き散らした。
白紙のページを埋める奴隷だ
神経症
精神病
倒錯
幻想の
未来
トーテム
とタブー
レオナルド・
ダ・ヴィンチ
の幼児期記憶
フロイト
モーセ
という男
ジークムント・
フロイト
夢判断
文化における
居心地の悪さ
フロイト
5
精神分析五篇
フロイト
集団
心理学
快感原則
の彼岸
日常生活の
精神病理
フロイト

*クネーデル：オーストリア特産の肉団子

精神分析するのはくたびれるね。
いつもおかしなことばかり
考えているわけにはゆかないよ
おお、きのこだ！
どうにかして、
とにかく…
やってみれば
いいんだ
うまく
ゆかない。
いつも…
わが人生は
冒険だ！

1897年
独りぼっちだ。
憂鬱だ
では、
自己分析してみよう
こんなことは誰も
したことがない。
誰にも話せない…
ベルリンの
医者のフリース
は別だ
フリースは親友だ。
確かにいささか変てこな
考えをもっているが…
ヴィルヘルム・
フリース
鼻と
女性器とは
関係がある。
いろいろな
病気が
鼻の粘膜の
障害によって
起こる
でも私が前へ進める
のは彼のおかげだ
思い出すと…
幼かったある日、
妹のポーリンから
タンポポの花束を奪った
４歳のとき、列車で
ライプツィッヒへ行ったが、
そのとき、裸の母を見た
このような夢も見た
駅
これはどういう
意味だろうか？
どのようにこれらの
要素をつなぎ合わせ、
その論理を見つけだすか？

夢の秘密を
発見したぞ！
夢とは判じ絵なのだ！
夢を解読するのは私だ！

夢は
無意識への王道である
睡眠中、
引き出しはあいており、
何があるか、夢の中で
調べることができる！
夢は欲望の
充足である
しかし、
夢は睡眠の
守護者でもある
睡眠
夢は判断しない、
計算しない、
夢は歪曲する
喉が乾いたとき
水の夢を見ても
どうにも
ならない
水を飲むには
目を覚ますしかない

無意識は存在する！
私は無意識に出会ったのだ
証拠？
夢の例を一つ
それは注射の夢だ
私は婦人患者イルマの喉が化膿している夢を見た
アアアア…
イルマの喉は膿だらけで、汚い
あなたは病気だ
あなたのせいだ
アアア
イルマは注射されたのだ
針が汚れていたに違いない
アアアア
ちくしょう！
いったい、どういう意味だ？
？
何としてでも治したい
事の真相を極めたい
イルマが病気でも私のせいではない
腐ったこの口に、私の夢の意味がある。それは死だ

これから無意識を
どこまでも追いつめるぞ
無意識は
細部に
隠れている
どんな
ことにも
意味が
ある
精神の痕跡？
言い間違い？
言いたくないことが
細部に表れている
説明
しましょう
みなさん、こんにちは
閉会を宣言します
会を開く前にもう議長は
会議がすでに終わったと
思いたかったのだ
私はロスチャイルドに会った。
彼は私をすっかりfamilionaire*
として扱ってくれた
＊ famille（家族）とmillionnaire
（百万長者）の合成語
この浮浪者は金持ちになって、
ロスチャイルド家の人たちに
家族として扱ってもらいたいのだ
familionnaire！
これは新語だ！
すばらしい！
私たちのどちらかが死んだら、
私はローマに住みたい
この夫は妻を
追い出したいのだ
そんなことはすぐわかる！

ジークムント・
フロイト博士
ベルク・ガッセIX、19番
ウィーン
フロイト先生は
評判がいいの
料金は患者がお金持ちか
どうかで決まるそうよ
フロイト先生に
治してもらいたいわね
診療所は満員だ
いいぞ。これで古美術品のコレ
クションを増やすことができる
ポーラ、しっかり気を
つけてね。ここは
わが美術館なのだから
はい、先生
あ、しまった！
ヴィーナス像
が！
失錯行為だ
失錯行為は、すべて成功した行為である
どういう意味かって？
簡単さ。別の古美術品を
買いたかったのさ
さあ行こう！

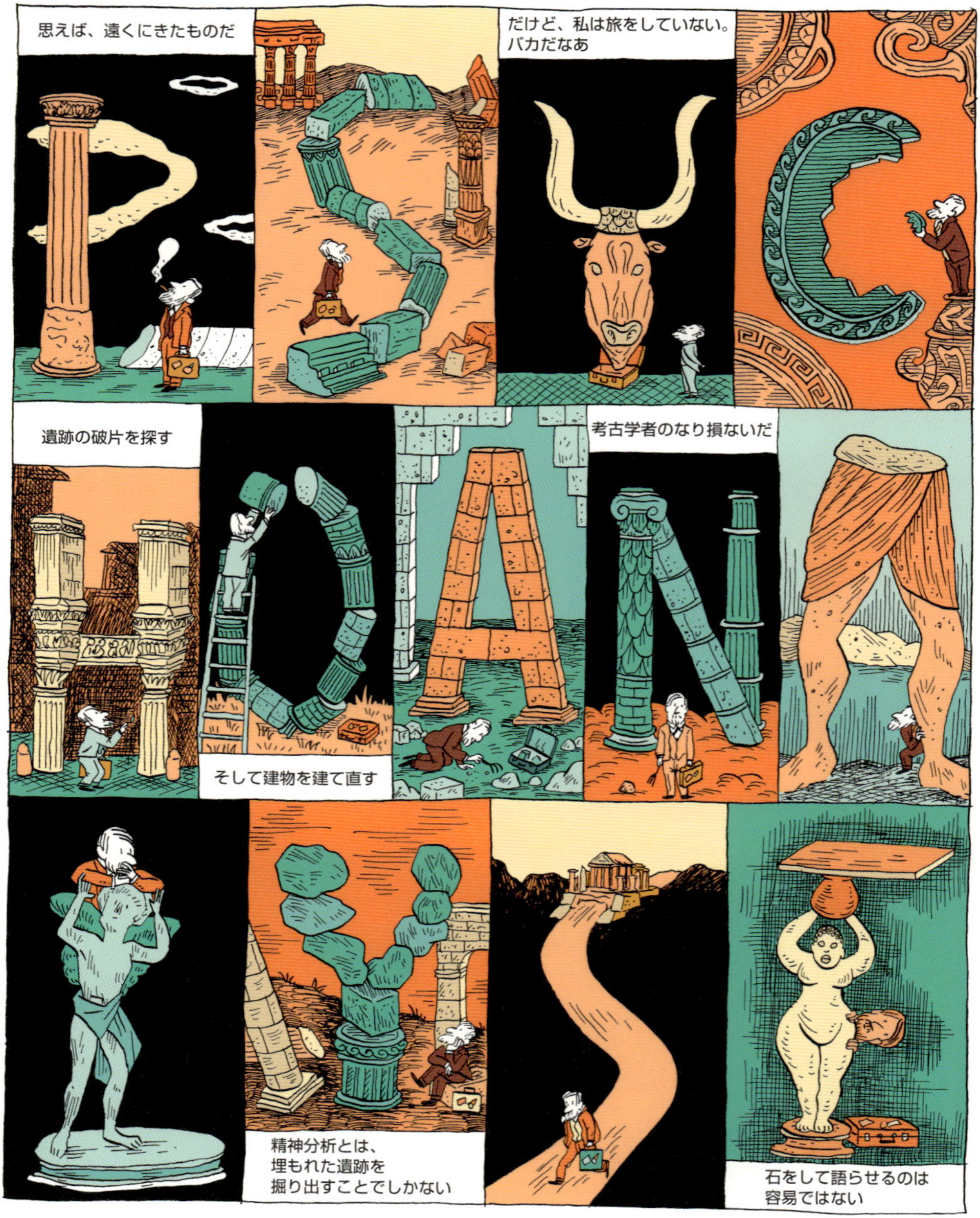
思えば、遠くにきたものだ
だけど、私は旅をしていない。
バカだなあ
遺跡の破片を探す
そして建物を建て直す
考古学者のなり損ないだ
精神分析とは、
埋もれた遺跡を
掘り出すことでしかない
石をして語らせるのは
容易ではない

精神分析を広めるためにも旅に出た
ヨーロッパで…
ハーグ
ベルリン
ウィーン
ブタペスト
それから、アメリカへ
ユング君、精神分析は我々のあいだではうまく行っている。しかしアメリカ人は、我々がアメリカにペストを持ち込むことになるとは気づいていないね
アメリカ合衆国　1909年
FREUD
私は大歓迎された
パチパチ！
パチパチ！
でも、新世界は好きではない
正直なところ
食事がまずい

**多形倒錯**：動物の性欲は最初から首尾一貫して異性の性器へと向かい、種族保存に役立つ性行為しかしないが、人間は性本能が壊れ、動物にはない口唇期、肛門期を経て、最後に性器期に達したあとでないと、正常な性行為ができない。性器期に達する前の段階の幼児性欲はバラバラに崩れていて、口唇性欲、肛門性欲、性器性欲などの雑多な要素、すなわち、露出欲、窃視欲、フェティシズム、同性愛、サディズム、マゾヒズムなどの要素が散乱しており、幼児はみんな多形倒錯者である。一般に、性器期（思春期）にそれらの要素が統合されて、いわゆる↗

# ドラの症例

正常な性欲が構成されるが、そうなるとは限らず、それらの要素のどれか一つが優位に立っているのが、おとなの性倒錯である。たとえば、露出症者は露出欲が優位に立ち、露出以外の性行動（正常な性行為とか）はできない。そもそも、興奮を起こさせない。

**リビドー**：本能が壊れたため、一定の目標から切り離されて自由になった性本能のエネルギー。さまざまな対象のあいだを移動することができるし、芸術活動などへと昇華することもできる。

フロイトは女を馬鹿にしている！
確かにそうだ。私にはブルジョワ保守派の偏見がある
たぶん、ドラはK夫人が好きだったのだ
誰の心にも男と女が住んでいる
女は何をしたいのか？
ペニスがついていないから、女がしたいことは…
フム、そう単純ではない
そうですよ！
女は精神分析の暗黒大陸だ
だからと言って、女が精神分析者になれないわけではない
幼い女の子はまず母を、次に父を愛します
面白いね
子供の精神分析について話したいの
?
奥さまがた！
あなたたちは無意識の秩序を守る女騎士です

# エディプス・コンプレックス

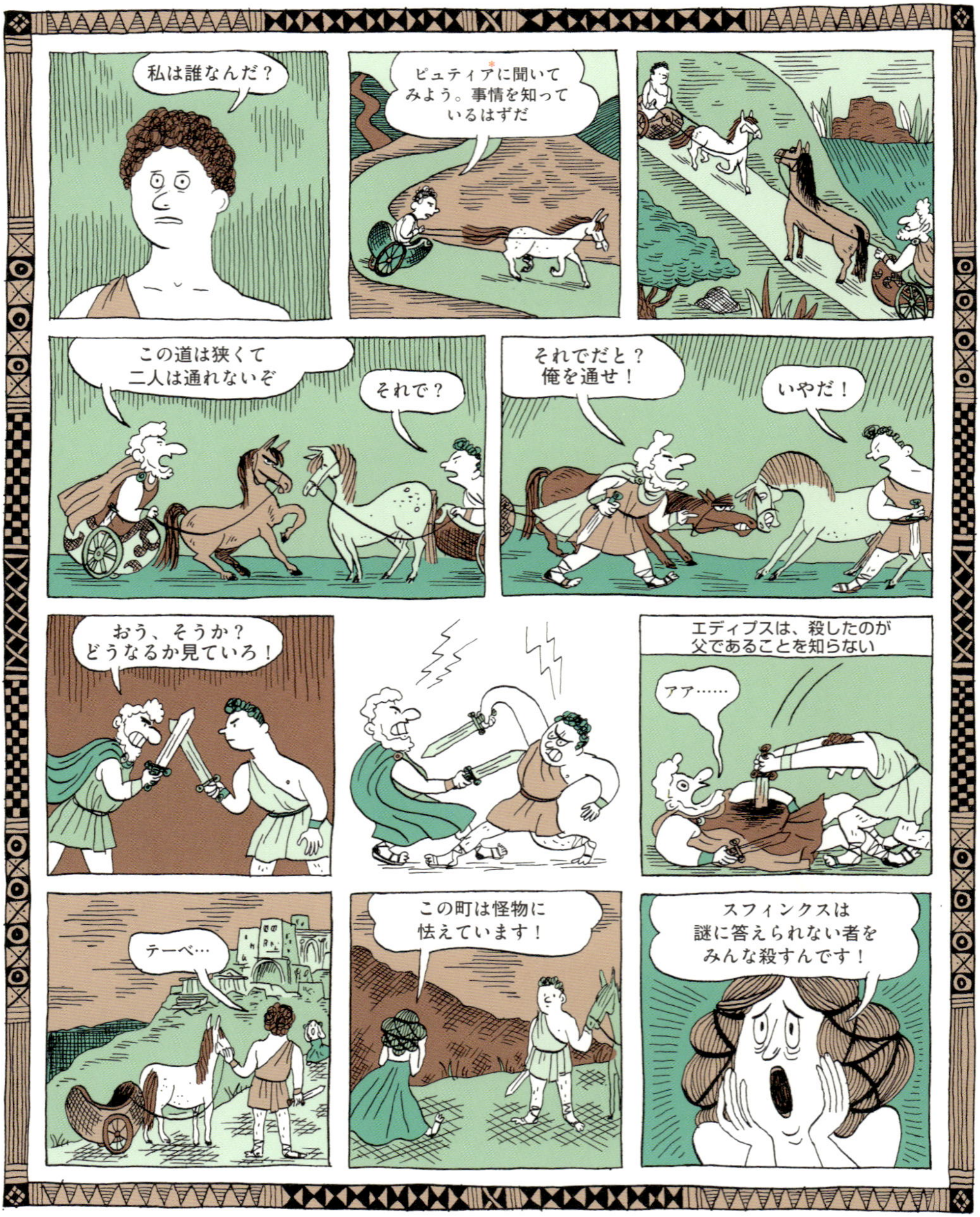


*ピュティア：アポロンの巫女

朝は四本足、
昼は二本足、
晩は三本足の
動物とは何か？
人間だ！
あなたはスフィンクスを
退治してくれた。我らの
王様だ！
私があなた
の王妃に
なります
エディプスは、結婚したのが
母であることを知らない
予言は当たった

父母のどちらか
一方を愛し、
もう一方と
敵対する…
エディプスは
最初の
神経症者だ
先生！　私は
私自身について
何も知りません

フィレンツィ：ハンガリーの精神分析家。精神分析療法において、トラウマ（心的外傷）を癒すことに重点をおき、患者と親密な個人的関係を結ぶ必要があると主張して、患者とは一定の距離をおくべきだとするフロイトと対立した。
サロメ：ドイツの作家。精神分析に造詣があり、ニーチェやリルケなどに恋され、フロイトとも親交があり、非常に魅惑的な女性だったらしく、魔性の女と言われた。
ライヒ：ドイツの精神分析家。フロイトの性理論を極端化し、フロイト以上のフロイト主義者↗

と自称した。神経症の原因はひとえに性欲を抑圧してオルガスムの体験能力を失ったことにあるとし、性革命を遂行しさえすれば、神経症者はいなくなり、自ずと社会革命、政治革命は実現できると主張し、フリーセックスの提唱者となり異端視された。

マリー・ボナパルト：フロイトの数少ない女弟子の一人。女性心理の精神分析的研究を行う。ナポレオンの弟の曾孫で、ギリシアの貴族。政治力を発揮して、フロイトをナチ支配下のウィーンから脱出させ、ロンドンに亡命させるのに尽力した。

ジークムント…
政治についてはどうですか？
政治には関心ありません。私は科学者です
政治が世界を変革できるなんて、あり得ない
ロシアでは共産主義者が権力を握ったぞ
ソ連で我々は新しい社会をつくる！
ユートピアなんて信じない
共産主義と資本主義との違いを知っていますか？
いいえ
資本主義とは、人間が人間を搾取することです
共産主義は……
逆だとさ！
ハハハ！
ハハハ！

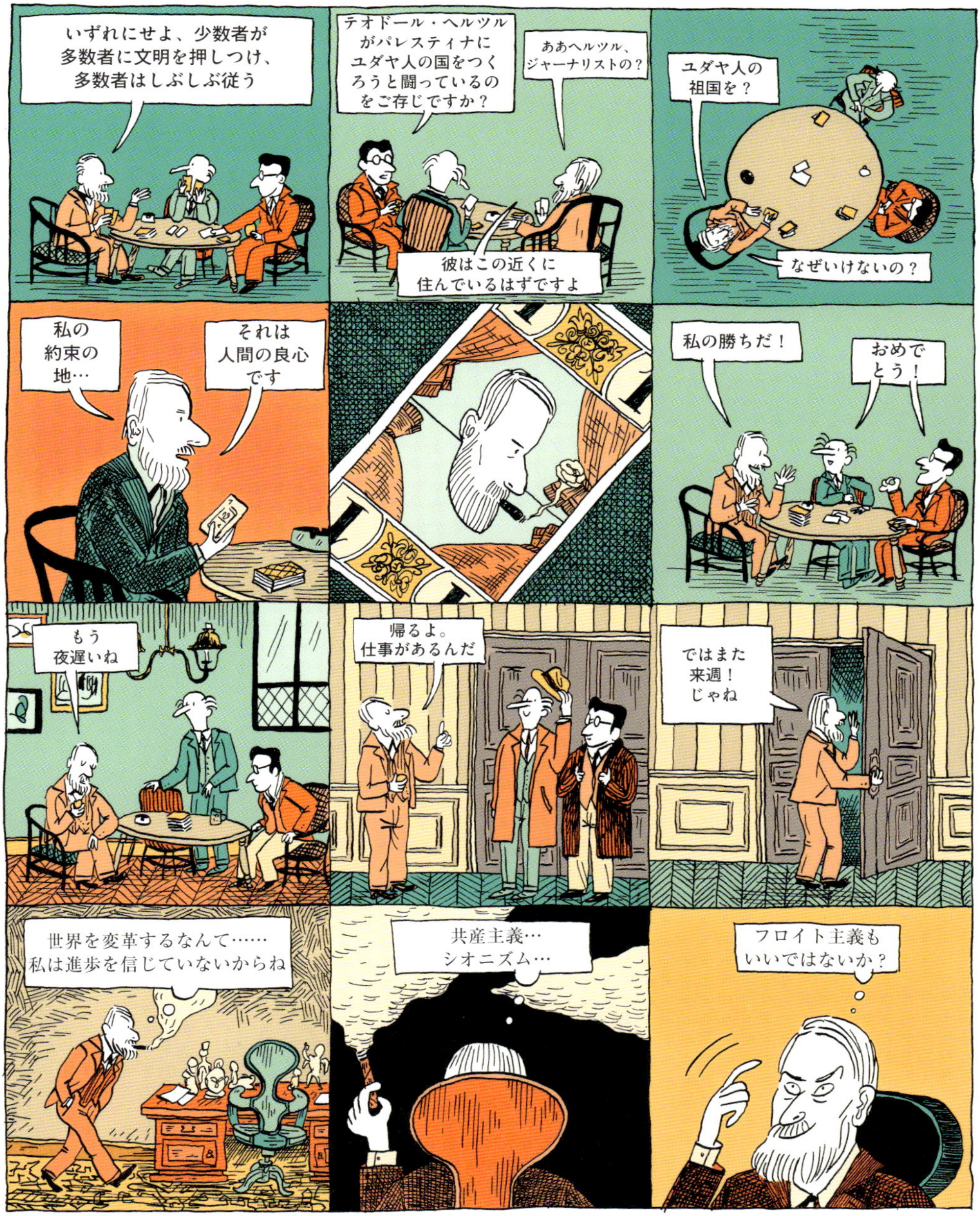

いずれにせよ、少数者が
多数者に文明を押しつけ、
多数者はしぶしぶ従う
テオドール・ヘルツル
がパレスティナに
ユダヤ人の国をつく
ろうと闘っているの
をご存じですか？
ああヘルツル、
ジャーナリストの？
彼はこの近くに
住んでいるはずですよ
ユダヤ人の
祖国を？
なぜいけないの？
私の
約束の
地…
それは
人間の良心
です
私の勝ちだ！
おめで
とう！
もう
夜遅いね
帰るよ。
仕事があるんだ
ではまた
来週！
じゃね
世界を変革するなんて……
私は進歩を信じていないからね
共産主義…
シオニズム…
フロイト主義も
いいではないか？

# ねずみ男の事例

ねずみ刑：ねずみ男と称されるのは、初期のフロイトが診察した有名な強迫神経症患者。オーストリア陸軍の将校。父親や恋人が、ねずみに肛門をかじられるという刑罰に処せられるとの強迫的恐怖に苦しめられる。第一次大戦で戦死。

うまくやらなければならない。ダメだ、できない
ガスを止めたことを確かめる
電気をつけっ放しにしていないことを確かめる
夜、父が戸の向うにいないかどうか開けてみる
好きな女が通る道に危険がないか確かめる
こそこそ
むにゃむにゃ
もやもや
ひそひそ
ざわざわ
もやもや
ぐったり
うんざり
落伍者
やられた
枝分かれ
つぎはぎ
太った猫
つぐない
くすくす
いらいら
ムカムカ
こそこそ
いじけた
そうは
ねずみたちは行ってしまった
先生、私は治ったのでしょうか？
治る…定義しにくい言葉だね
患者はよくなっている…
それでも1914年にねずみがいっぱいいるざんごうで彼は死んだのだ

ウィーンは好きだ
ウィーンは空中に
精子が浮いている
町だそうだ
ウィーンで
78年暮らした
ウィーンでは毎日、散歩していた
でも、この町には
ときどき拒絶される
ような気がする。
この町は
私を無視する
CAFE
見てごらん…
そこには作家のシュニッツラーや
ツヴァイク、ムージルがいた
哲学者、ヴィットゲンシュタイン
画家たち。
クリムト、ココシュカ、シーレ…
作曲家のマーラーも…
科学哲学に革命をもたらした
ウィーンの人たち

ウィーンは世界の頭脳である
ウィーン
ウィーンはエリザベト皇后の町でもある
秩序を守らねばならない
ここは無秩序だわ
私が誕生日に何が欲しかったか、ご存じ？
設備万全の気違い病院よ！
立ち止まるな！
ここにいてもいいでしょう！
私はオーストリア人だ！
私はユダヤ人だらけのこの町の、ごみための中でみじめに暮らしているんだ
ウィーン、20世紀のはじめ、それはひとつの世界の終わりでもある
オーストリア・ハンガリー帝国

リーン
リーン！
イエスは救世主だ！
出ていけ！
バタン！
宗教は嫌いだ！
どんな
宗教でも！
安息日？
ユダヤの祭り？
わが家にはそんな
ものはいらぬ！
ウサギを
喰うぞ！
ウサギを喰うのは戒律違反だ、
なんて言う奴は糞喰らえだ！
宗教はセックス
を抑圧する！
精神分析は死罪だ！
何だと！
私は
異端だ！
それが私の
誇りだ！
オー
オー
オー

1920年6月25日
雨の日も風の日も
神経症、精神病…
愛娘のソフィが
スペイン風邪に
やられた
1914年のあの
忌まわしい戦争、
おびただしい死…
我らのうちには
死にたがる何かがある
破壊
したがる…
それは
死の衝動だ
苦しむ…
苦しいことを
繰り返す
女たちは
みんな私から
去ってゆく
好きになった
男たちはみんな
死んでしまう
事業を
起こすと、
必ず仲間に
騙される
反復は
運命である

何度繰り返しても、同じ
この孫を見て！
母親が外出すると、
この子は糸巻きを遠くへ投げる
そして糸巻きを引き寄せる
この投げ捨てては引き寄せる遊びで、この子は母親がいなくなったときの不安をやわらげている
私は子供好きなので、
ある子供を精神分析した

# ハンス少年の症例

名はハンス
ハンスは馬が怖かった
お子さんはあなたへの恐怖を馬に移しかえているのです

でも、どうして息子は
私を怖がるのですか？
お子さんはお母さんが好きです。
その罰で、オチンチンを
切られると怯えている
のですよ
!?
お子さんの馬恐怖は
エディプス・コンプレックス
と関係があります
男の子は誰でもそうですが、
ハンスもお母さんが欲しいのです
お子さんはあなたを愛して
いますが、同時に馬を通して
あなたを憎んでいるのです
馬恐怖症は、
愛と憎しみの妥協なのです
君はお母さんが
好きだから
お父さんが怖いのだよ
坊やはある日、
お母さんが好きになり、
それからお父さんを
怖がるように
なったんだよ
そのことを君の
お父さんに話したよ
もう馬は怖くない！

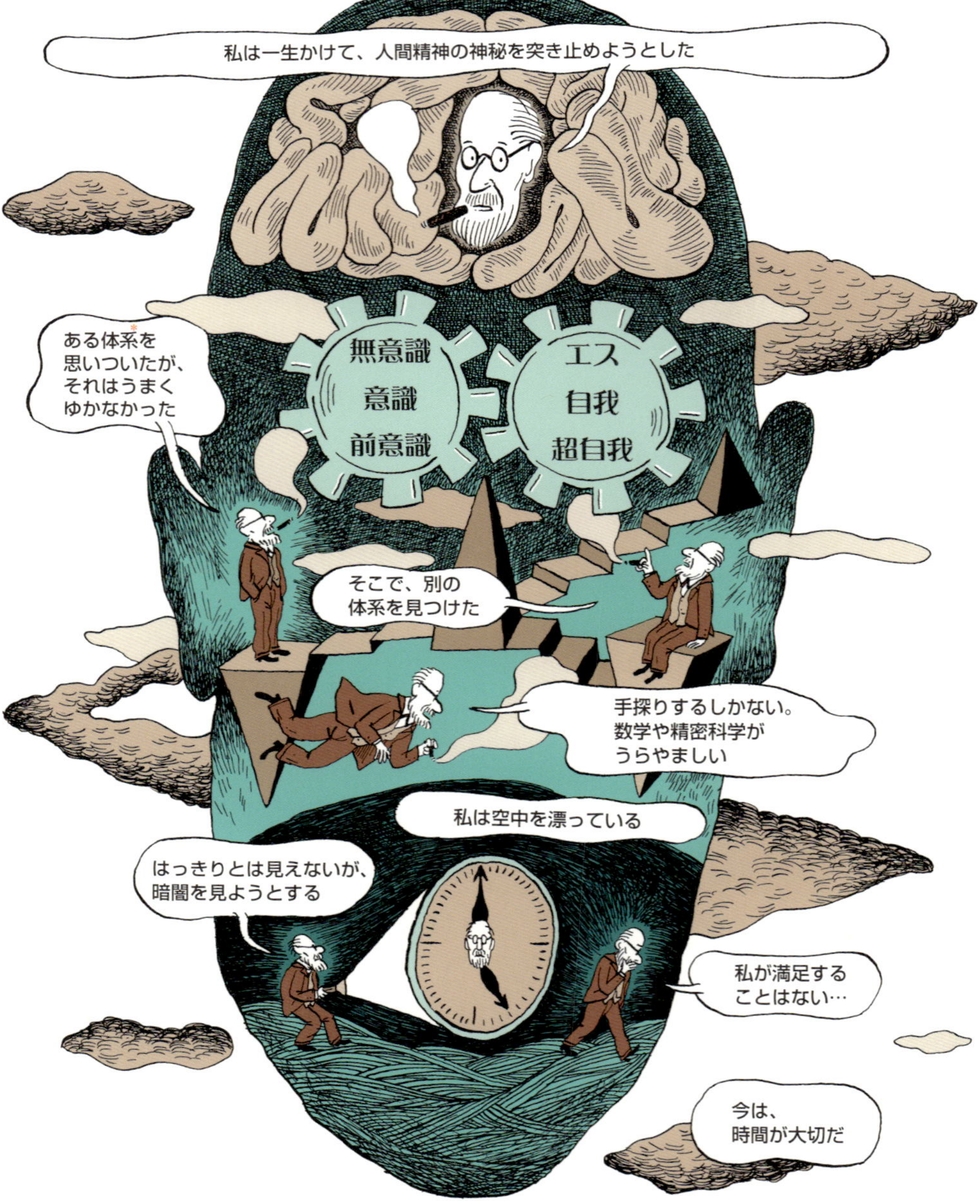


心の体系：フロイトは最初、個人の人格構造は意識・前意識・無意識の三層から成っているとした。前意識は、今のところ意識されていないが、思い出そうとすれば思い出すことができる層、無意識は、深く抑圧されて容易に意識されない層である。しかし、同じ心的要素がこの三層のあいだを移動するということがあるので、この三層論では不十分であることがわかり、新たに、超自我・自我・エスの三層論を提起した。超自我は、親の規範や社会的規範（道徳など）を内在化した機能、自我は現実への適応をつかさどる機能、エスは壊れた本能のバラバラな衝動。

顎に癌があります
大変ですよ。タバコはやめてください
いやです
葉巻がないと、考えごとができません
顎の手術はとても痛いんですよね
シュール先生、必ず本当のことを言ってくださいね
くるべき時がきたら、長く苦しまないようにしてください
約束します

人工顎をつけると、
えらく具合が悪い
末娘のアンナが人工顎を
着けたり外したりしてくれた
アンナは私の右腕だ
あなたの娘さんは
精神分析者だと
称していますよ！
娘さんは医者
でもないくせに！
それがどうした？　精神分析は
医者にしかできないわけではない
重要なのは、精神分析者になる前に
分析を受けておくことだ
アンナは分析を受けた…
私に!!!
…
…
それは異例なことだ…
でもそんなことは
どうでもいい

私は原父なのだ
だが、殺されて死ぬのは嫌だ
それは往々にして父親の運命だ
昔々、社会のはじまりの頃
人々は暴君のような父親の権威のもとに、遊牧群で暮らしていた
遊牧群の父親は女たちを独占していた
息子たちはイライラしていた
息子たちは、ついに父親を殺した


原父：フロイトは人類の始原に原始遊牧群を仮定した。原始遊牧群においては、絶対権力をもつ独裁的父親がすべての女を独占し、遊牧群を支配していた。息子たちは不満を募らせ、あるとき、団結して父親を殺した。しかし、殺してみると、他方では父親を愛し、敬ってもいたので、殺したことを後悔し、罪悪感をもつようになり、罪の償いとして、父殺しと近親姦のタブーが設定された。それが人類の道徳の始まりであるとされている。この原始遊牧群の父親が、人類の最初の父親であるというわけで、原父と呼ぶ。

そのため生じた罪悪感が、
人類の歴史に大きな役割を演じた
ビシ
ビシ
またそのため、殺人が禁じられた
現在では、
父親たちは死んで、
兄弟たちの社会になった
兄弟たちは
いがみ合う
そこで私は、
父親の神話をつくった
何と身勝手で強引な
父親なんだ！
じゃあ母親たちは？
フロイト
リン
リン
奥さんがたのすることは
たくさんあります！
がんばって！

壊れ物
フムフム
この彫刻では、教授殿がひどく腹を立てているように見えると思います
私は腹を立てているよ、ポーラ
人類に腹を立てている
おまけに、私の誕生日だ。私は記念日というものが嫌いだ
私は世界中でとても有名だ
なのになぜノーベル賞をもらえないのか、わからない
たぶん、あの世で…
死んだあとどうなろうと、興味ないよ
だが、あなたの鍵には興味がある
エッ！
鍵をくれ！
天国に精神分析してみたい人たちがいるのさ

ジークムント・フロイト、あなたはどこの人なんですか？
言葉はドイツ語です
ドイツで仕事をしています
だが、反ユダヤ主義が高まるのを見ると…
ユダヤ人だと言いたい
どのような病気を診ているのですか？
どんな病気でも。正常者と病人の区別はありません
我々はみんな病人です。あなたも私も…
えっ 私も？
では、治るということは何の意味もないのですか？
いや、治るということは苦しみが少なくなるということ。あれかこれかを決めることができるということです
ジークムント・フロイト、あなたは幸せですか？
人間存在は幸せになるようにはつくられていません
しかし、幸せというものが、子供のときの夢が大人になったときに実現するということなら、私は幸せだと言えます
19
しかし、それでも時代は暗い。不安だ

ポーラ、早く新聞を
買ってきて！
併合
併合
併合
ドイツ、
オーストリアを併合
ああ！オーストリアはおしまいだ！
大衆は危険だ
ユダヤ人は
便利なスケープゴートだ
人間は隣人を攻撃し、搾取したがる。
隣人のものを盗みたがる
隣人を強姦し、殺したがる
汝自身のごとく
汝の隣人を愛せよ。
何というデタラメだ！

ありがとう
ここにいてはいけません！
マリー・ボナパルト、
あなたは心からの友達です。
だけど、どうなろうと
私はこの仕事を
捨てません
ナチはあなたを
憎んでいます。
あなたの本を
燃やしました
何たる進歩よ！
中世なら私が
焼き殺された
であろうが、
今は私の
本を焼いて
満足している！
精神分析は
ユダヤ人の
ニセ科学だ！
あなたをこの罠から
救い出します。知人に
有力者がたくさんいます
自殺するよりは
ましではないですか？
どうして？　アンナ
我々が自殺するとナチが喜ぶから？
その通りだ、マリー
精神分析以外に
わが祖国はない
もしもし
私がいるところに精神分析は存在する
荷づくりを
しよう

もう我々は自由だ
ロンドン　1938年6月
なんとすてきな家だ！
イギリスもそう悪くないね
歓迎 ジークムント・フロイト
お迎え、ありがとう！
私はシュールレアリストの芸術家、サルバドール・ダリです。あなたを大変敬服しています
フロイト先生、あなたの頭はカタツムリみたいですね
あいつは何を舞いあがっているんだ！
私と気違いとの違いは、私は気違いではないということです
気違いになりたい人は気違いじゃないよ、ハッハッハッ

戦争
戦争
この戦争が最後の
戦争になるだろうか？
戦争
私にとっては
最後の戦争だ、
シュール先生
しかし、また次の戦争が
起こるだろう。
社会が変わらないかぎり、
また戦争は起こる
幸いなことに、最後の本
『モーセと一神教』を出す時間はあった
モーセはユダヤ教の創立者、
私は精神分析の創立者
戦いだ！
戦争
アア、私が約束の地…
解放され、病いが癒えた人類の国を
見ることはないであろう
気分が
よくない
食べられない
眠れない
口臭がひどい
マックスよ、
生きていても
苦しみしかない。
もう何の意味もない
約束を
実行します

1939年9月23日
私の灰は……
私の大切な古美術品のなかにある
偉人は
決して
死なない
…
だから、まさしく
私は死んでない
私の思想の種を
大気中にまいた
人々の安眠を妨げた
FREUD
フロイト派
ユング派
クライン派
アンナ・フロイト派
ラカン派
わが亡きあと、
精神分析は歩み続けた

エディプスを演じる、去勢する母親、抑圧されたものの回帰…
アホらしい！私の名を使って何という馬鹿なことを！
同性愛のカップルに育てられた子供は落ち着きがない
失せろ！
正常な家族とは父親と母親が…
ハッハッハッ！
アー
21世紀はまだ私を必要としている
いたるところで欲望は抑圧されている
精神分析の戦いとは、欲望を解放すること
そして、理解しようとすること
もちろん、これらはすべて喜びなのだ
私の名、フロイトは「喜び」という意味だ。忘れないで！

さようなら！

# フロイト理論とは何か

岸田　秀

強迫神経症と鬱病《うつびょう》と幻覚に苦しめられてもがいていた中学生の頃、たまたま古本屋でフロイトの本を見つけて、何かここに苦しみから脱出する道があるような気がして、フロイトにのめり込み、それ以来十数年は、もっぱら彼の本ばかり読んで過ごした。わたしはあまり読書が好きでなく、フロイト以外のヨーロッパの思想家や哲学者や作家などの本はほとんど読んだことがないので、世界や人間に関するわたしの考え方は彼の影響を大いに受けており、非常に偏っているのではないかと思うが、いずれにせよ、彼の精神分析理論を知ったおかげで、強迫神経症と鬱病には苦しめられなくなった（幻覚はフロイトと関係なく知らぬ間になくなったが）。「苦しめられなくなった」といっても、強迫神経症や鬱病の症状が完全に消滅したわけではなく、今でもときおり現れる。しかし、以前は、症状が現れると、どうなることかと不安で、治そうと必死にがんばったが、今や、その原因と構造がわかっている（と思っている）ので、不安になることはなく、気にもならない。気にしていなければ、そのうち忘れてしまう。

精神分析はわたしの身についた考え方となっているが、そうなったのは、わたしによれば、精神分析は、精神分析を知らない人には見えない人間の心の秘密が見えるようになる鋭い洞察とか、人間精神の真実の闇《やみ》にわけ入って照らし出す神秘的直観とかを授けてくれるものでもなく、また、永遠普遍の真理を探究する科学的方法とか、世界を解明する深遠にして難解な学問的理論とかのようなおおげさなものでもなく、ごくありふれた普通の常識だからである。ごくありふれた普通の常識だから、身についたのである。にもかかわらず、精神分析が普通の人には理解しがたい何か高等な専門的知識、特殊な技術であるかのようなイメージがあるのは、そういうイメージを振りまいた精神分析者が一部にいたせいかもしれないが、基本的には精神分析が出現した当時の十九世紀末のヨーロッパの事情が絡んでいるのではないかと思われる。

当時のヨーロッパの事情と言っても一様でも簡単でもないが、おおまかに言えば、ヨーロッパはいわゆるヴィクトリア時代の最盛期（あるいは、末期）であった。キリスト教が正当な唯一の普遍的宗教であり、ヨーロッパ文明が人類唯一の最高の文明であった。キリスト教を奉じるヨーロッパ人は純粋で清潔な正義の民族であり、キリスト教以外の邪教を信じる他の民族は下等で不潔で穢《けが》れており、ヨーロッパ文明を知らない人たちはみんな愚かな野蛮人であった。ヨーロッパ人はこの最高の文明と普遍的宗教を世界の野蛮人に伝え、世界をキリスト教化し、文明化する崇高な使命と責務を負っているつもりであった。

神が死んだとかでキリスト教の信仰が衰え始めてからは、神が理性に取って代わられ、ヨーロッパ人だけが理性をもった賢明な人（ホモ・サピエンス）であり、ヨーロッパ人以外は理性を欠いた無知蒙昧《もうまい》な人たちだということになった。したがって、ヨーロッパ人は、他民族を征服して植民地化し、教化し、理性を教え込まなければならなかった（同じように、キリスト教を伝道する企てもつづいたが）。それが他民族のためであるということになっていた。

要するに、ヴィクトリア時代とは、理性の時代、差別の時代、誇大妄想の時代であった。そのため、ヨーロッパ人以外の民族は侵略され、虐殺され、植民地化されて、多大の被害を被ったが、もちろん、加害者のヨーロッパ人自身も被害を免れることはできなかった。

ヨーロッパ人でも、子供はまだ理性を獲得するに至っておらず、大人でも精神病者は理性を失った人とされたので、子供のために公教育制度が成立し、子供は理性を獲得するまで、大人の社会から切り離されて、一定の時間、学校という施設に強制的に閉じ込められ、同じように、精神病者も、精神病が治って理性を回復するまで、正常な大人の社会から切り離されて、新しく創立された精神病院に強制的に閉じ込められた。子供は大人になると学校から解放されるが、精神病者はなかなか治らないので、終身刑のようにいつまでも精神病院にいなければならないことが多かった。

しかし、いわゆる正常な大人のヨーロッパ人も無傷では済まなかった。理性を具《そな》え、理性でおのれを律する者だけが、人間として敬意を払われ、まともに扱われる立派な社会人ということになったため、人々は、理性に反すると思われる衝動や感情や欲望を非難するだけでは済まず、自分のなかのそういう衝動の存在までも否認することを強いられる。それを否認しなければ、自分が未開人、野蛮人だということになるからであった。セックスを罪悪視するキリスト教の規範はそのまま理性に引き継がれて、性欲に駆られていやらしいセックスをするのは理性なき下等動物であるということになった。性欲の存在が否認され、理性人である紳士淑女、とくに淑女は性欲などもっていないかのように振る舞わなければならなかった。

言うまでもなく、このような理性人というのは、現実には存在しない妄想であって、そのような妄想的規範を押しつけられた者はどうしようもない窮地に追い込まれる。彼または彼女の人格は、理性に従おうとする意識と、理性に反するために意識から排除された無意識的衝動とに分裂する。もちろん、人格構造全体において、前者はごく一部であって、後者が大部分であるから、理性で人格を統制できるわけはなく、この分裂のために人々は精神のバランスを崩され、気が狂った。精神病者の大量発生である。精神病にまでは至らなくて、意識においては、辛うじて理性を何とか維持するものの、意識から排除された無意識的衝動が無意識のなかで暴れ回り、変な症状となって意識へはみでてくるのが神経症である。

ところで、理性というものは、全知全能の神が死んで神の加護を失って不安になったヨーロッパ人が不安から逃れようとして、神に代わる崇拝と依存の対象として発明した妄想であって、神の全知全能性を引き継いでいる。それが、人間は、理性に基づいて正しい道徳を制定し、正しい理想の社会を構想し建設できるという妄想の起源である。フランス革命や、そのあとのロシア革命はこの妄想を実践しようとする企てであった。当然のことながら、その企ては失敗に終わった。しかし、現在なお、この妄想に基づいて、地球を支配しようと企てる人たちが人類の一部にいて、それが地球の破壊に至るのではないかと、わたしは恐れているが、その心配はないであろうか。

何はともあれ、理性によって、個人の精神を規制し、支配しようとする妄想的企てが重大な精神障害を惹き起こしたが、その精神障害に対する対策として、精神医学が成立した。初期の精神医学は、精神障害の思想的、社会的背景に気がつかず、精神病院を「脳」病院、神経症を「神経」症と称したことからもわかるように、精神障害を個人内部の身体的、生理的障害と見なし、脳や神経の異常に原因があると考えた。精神病や神経症の原因はよくわからなかったので、当時の精神科医は、当てずっぽうに、何か身体的、生理的刺激を与えれば何とかなるのではないかと、水療法やマッサージ療法や電気ショック療法や転地療法などをやってみたが、気休めにしかならなかった。

そうこうするうち、催眠療法が効果がありそうだと気がついた人たちがいた。催眠暗示によって、ヒステリー症状を起こしたり、消したりできるのであった。そうだとすると、ヒステリー、強迫神経症、恐怖症などのいわゆる神経症は、身体的、生理的原因ではなく、心理的原因から起こるのではないかと考えられた。フロイトも、催眠療法を用いてみたことはあったが、しかし、催眠暗示によって症状を消しても、効果は一時的でまたすぐ症状がぶり返すのであった。その上、どうしても催眠術にかからない患者がいて、催眠療法は神経症の治療にはあまり役立たないことがわかった。

そのとき、精神分析の歴史に名を残す患者が現れた。アンナ・Oという仮名で知られるヒステリー患者である。彼女はフロイトではなく、先輩のブロイアーの患者であったが、母語がドイツ語なのに英語しかしゃべれないとか、喉《のど》が渇いても水が飲めないとか、蛇《へび》の幻覚が見えるとかの症状があった。彼女はそれらの症状のきっかけとなったトラウマ的事件のことをすっかり忘れていたが、催眠状態でそれらの事件を思い出し、そのことについて詳しくしゃべると、症状が和らぐのであった。ブロイアーは興味深い患者としてフロイトに彼女の話をしたのだが、忘れていたことを思い出してしゃべると症状が和らぐということの重大な意味に気づいたのはフロイトであった。

アンナ・Oは、治療中にブロイアーに抱きついたり、彼とセックスしたわけでもないのに彼の子を妊娠したと言ったりしたので、彼は恐れをなし、彼女をフロイトに預けて逃げ出したが、フロイトは彼女の症例を出発点として、そのあと精神分析と呼ばれることになる理論を構築し始めるのである。

フロイトは確かにめったにいない天才ではあったのであろうが、他の人たちがなかなか気づかなかったことに彼が気づいたのを天才だけのせいにすることはできないであろう。わたしは、彼がユダヤ人だったことが大きな要因だったのではないかと思っている。彼はユダヤ教の信者ではなかったけれども、ユダヤ人である以上、一般のヨーロッパ人とは異なる何らかの思考形式や感性があったに違いない。第一に、ユダヤ人はヨーロッパにおいて二千年来、差別され続けてきた民族である。フロイト自身、幼いときに、父親が侮辱されて抗議もせず、がまんしていた姿を見ている。

被差別者には差別者の無意識がよく見える。差別者は往々にしておのれの醜《みにく》い面を否認し、被差別者に投影するので、差別者の醜い面は被差別者には丸見えである。さっきも述べたように、当時のヨーロッパは理性の時代であった。理性の時代とは、正確に言えば、理性中心主義、理性至上主義、理性万能主義、唯理性主義の時代である。理性に反するものは否認され、抑圧された。当時のヨーロッパ人は理性と反理性との葛藤《かっとう》のために苦しみ、混乱し、病んでいた。とくに、理性に反するとされた性欲はいやらしい衝動とされ、強く抑圧されていて、ヨーロッパ人は、表面ではセックスなどと関係がない取り澄ました清らかな生活を送っているふりをしていたが、逆にそのために実際には歪《ゆが》んだ異常な性現象がはびこっていた。

フロイトのもとに、理性中心主義文化の犠牲者が患者としてやってきた。理性中心主義に囚われていない彼には、患者が抑圧しているものがよく見えたのではないか。当時の患者には性の問題に悩んでいた者が多く、性的不満がヒステリーの原因だなどと言われた。セックスができなかったぐらいで、なぜあのような変てこな症状が出てくるのか、わたしには不思議な感じがするが、当時のヨーロッパ人は今からは想像できないような変てこな性的タブーに囚われていたのであろう。わたしはユダヤ教のことはよく知らないが、ユダヤ教ではキリスト教のような厳しい性的禁止はなく、セックスは神々しい行為と見られていた面があったとのことである。キリスト教のような性的禁止に妨げられないユダヤ人のフロイトは患者が無意識へと抑圧しているものを容易に見抜くことができ、それを抑圧から解放して意識へと統合することが治療につながると判断できたのであろう。

フロイト理論は、発表されるとたちまち世の人々の顰蹙《ひんしゅく》を買い、囂々《ごうごう》たる非難が巻き起こったそうである。理性が個人の人格と社会の秩序の基盤であるとする理性中心主義に凝り固まっていた当時のヨーロッパ人には、人倫に悖《もと》る驚天動地の理論と見えたのであろう。ヴィクトリア時代は、以前と比べて、サディズム、マゾヒズム、露出症、窃視《せっし》症、フェティシズムなどの性倒錯が増えて目立つようになっていたそうであるが、フロイトは性倒錯を病的な異常現象とは見ず、正常な性発達の一段階であると主張するし、男の子は母親とセックスしたがるなんて言い出すので、とんでもないことを言う奴だと思われたのであろう。フロイトは患者が分析者の解釈を素直に受け入れず、抵抗すると言ったが、世間がフロイト理論を受け入れず、抵抗したのである。

しかし、ヨーロッパ人にはどう見えたにせよ、わたしには、フロイト理論は、初めから終わりまで一貫して、それほど驚天動地の理論とは思えない。初めに言ったように、ごくありふれた普通の常識であるとしか思えない。それは、わたしが日本人だからではないかと思う。

明治の初めに、ある雇われ外国人教師は、東京帝国大学で地動説を説いたとき、かつてヨーロッパでは主張すれば焚刑《ふんけい》か破門に処せられた恐るべき地動説を、学生たちが別に驚きもせず、平気な顔をして聞いていたので驚いたという話があるが、日本人は、天動説を不動の真理とする聖書などに縛られていないので、地球が動いていると聞かされても、「ああ、そうか」と思っただけだったのであろう。同様に、フロイト理論も、専門用語をさておいて、具体的にどういうことを言っているのかと考えてみれば、別に突飛なことは言っていないのである。昔から、みんなが知っていることしか言っていないのである。日本人は、精神分析を知ったときも、地動説を聞かされたときと同じように、反発するなんてことは思いもしなかったようである。日本人に精神障害が増えたのは、近代化によって理性中心主義が輸入されたからであるが（「神経衰弱時代」）、そうは言っても、理性中心主義は、日本人においては、ヨーロッパにおけるように骨がらみのものとはならなかった。このことについては、昔、ある本に書いたことがあるが、その本はまったく売れなかったので、読んだ人はめったにいないだろうから、ここでまた繰り返すことにする。

たとえば、精神分析は性格の形成における幼年期の重要性を強調するが、そのようなことは、「三つ子の魂《たましい》百まで」との諺《ことわざ》にある通り、みんな昔から知っている。「抑圧」とは、まさに「頭隠して尻隠さず」のことで、当人は、自分のいやらしい根性から眼を逸らして、自分にはそのような根性はないつもりであるが、人にははっきり見えている。「知らぬは亭主ばかりなり」という諺は、好ましくない事実は周りの人たちには見えているが、本人には見えないことを言い当てている。「投影」とは、自分のなかのある好ましくない心情を否認し、それを他者になすりつけることであるが、「下種《げす》の勘ぐり」という諺と同じことを指しているに過ぎない。ヨーロッパ人がユダヤ人は金に汚いと思っているのがその例である。人を憎んでいる者は、人に憎まれていなくても憎まれているという被害妄想をもつ。「反動形成」とは「羹《あつもの》に懲《こ》りて膾《なます》を吹く」ことであろう。「アンビヴァレンス」とは「愛憎一如」「可愛さ余って憎さ百倍」のことだと説明されれば、実によくわかる。フロイトは宗教は幻想であると説いたが、くどくどと論証しなくても、「鰯《いわし》の頭も信心から」の一言で納得できる。「攻撃者との同一視」とは「怪物と戦えば怪物になる」ということであろう。敵同士がおたがいに似てくるのはそのためである。「転移」は諺で言えば、「江戸の仇《かたき》を長崎で討つ」や「坊主憎けりゃ袈裟《けさ》まで憎い」ということになるであろうか。「己惚《うぬぼ》れと瘡気《かさけ》のない奴はいない」という諺は人間における「ナルチシズム」の根深さを言い表している。あるいは、「ナルチシズム」とは、人間には己惚れがあって、自分の欠点は自分には見えないが、他人にはよく見えるということで、「岡目八目《おかめはちもく》」と言い換えてもいいであろう。フロイトは、他人とのどうでもいいようなささいな違いを自分の優越の根拠にすることを「小さな差異のナルチシズム」と呼んだが、要するに、「目クソ鼻クソを笑う」ということであろう。尊敬する人や愛する人の好ましい特徴を知らぬ間に身につけるのは「摂取」であろう。好ましくない特徴を身につける「摂取」は、「朱に交われば赤くなる」ということであろう。本書に出ているユダヤの話で、鍋を借りて返す人が、鍋に穴があいていたときにする言い訳は、精神分析用語で言えば、「合理化」であるが、要するに、「泥棒にも三分の理」ということである。

このように、精神分析の専門用語で説明されるさまざまな心理現象は例外なくすべてと言っていいほど、民衆のあいだで語り継がれている諺や箴言《しんげん》に置き換えることができるありふれた現象なのである。それなのになぜ、フロイトが難しそうな専門用語を作ったかと言えば、理性中心主義に凝り固まっていた当時のヨーロッパの医学界、思想界に対抗するために理論武装する必要があったからであろう。精神分析を学術的理論として提示するためには、「下種の勘ぐり」とか「岡目八目」とかの俗語を使うわけにはゆかなかったのであろう。

要するに、フロイト理論は伝統的な民衆の知恵を網羅しており、基本的には精神障害は、理性中心主義の呪縛から脱し、等閑視されていた民衆の知恵を回復すれば、治るのである。フロイトは、ばらばらに散らばっていたさまざまな民衆の知恵をまとめ、体系化、理論化しただけなのである。そして、民衆の知恵は、大昔から無数の民衆がさまざまな経験をしてきたあげくに獲得した知恵であるから、それに今さら新しく付け加えることはまずないのである。したがって、そういう民衆の知恵を踏まえたフロイト理論にも新しく付け加えることはまずないと、わたしは思っている。

フロイト以後、アドラー、ユング、ライヒ、フロム、ハルトマン、ラカンなど、多くの後継者が現れ、それぞれ、フロイト理論を修正したとか、改革したとか称し、新しい専門用語を作ったりしているが、わたしに言わせれば、彼らはフロイト理論の一部だけをとくに強調して偏ったものにしたり、フロイト理論を薄っぺらなものにしただけで、フロイト理論にはなかった新しい見解や洞察は見当たらない。

専門用語というものは、必要悪と言えば言い過ぎであろうが、なるべく少ないほうがいいのであって、彼らが新しく作った専門用語は、彼らの理論がフロイト理論をさらに発展させた独創的理論であると見せかけるためにわざわざ作ったのではないかと疑われるが、内容的にはフロイトの用語で説明されたことと同じことを別の用語に言い換えているに過ぎない。

近頃、精神分析療法は廃《すた》れたと言われているようであるが、確かに、患者が寝椅子に横たわり、分析者は患者の背後にいて、患者が頭に浮かんだことを自由にしゃべることに何十分も耳を傾け、週に何回かそういうセッションを繰り返し、それを何年も続けるという古典的な形の療法は、もうずっと以前から行われていないようである。忙しい現代では、そのようなまどろっこしいことはやっていられないというわけであろう。それほど古典的な形でなくても、夢や症状の象徴の解釈などもあまり行われていないようである。そもそも、心理療法やカウンセリングを精神分析療法と称することはほとんどなくなっているらしい。けだし、ユング理論やライヒ理論やラカン理論はそのうち滅びるであろうし、彼らの理論が滅びても何ら困らないが、民衆の知恵の集約としての精神分析的洞察そのものが廃れることはあり得ない。「浜の真砂は尽きるとも、世に盗人の種は尽きまじ」と言ったのが、石川五右衛門だったかどうか知らないが、世に盗人の種は尽きないように、たとえば、世に「下種の勘ぐり」をする人、「鼻クソを笑う目クソ」のような人がいなくなるわけはないから、それを断片的、個別的にではなく、その人の人格構造全体の一環として体系的に理解し、「下種の勘ぐり」「鼻クソを笑う目クソ」を見破るためにも、また、自分がそういうことをしていないかと反省し、自覚するためにもフロイト理論は役立つからである。

そういうわけで、フロイト理論を知っておくことは、基本的な生活の知恵として、不可欠とまでは言えないにしても、知らないよりは有利であろう。本書がその一助となれば、幸いである。

作●コリンヌ・マイエール
1963年、スイス・ジュネーヴ生まれのエッセイスト、精神分析家。歴史や時事問題など、分野を横断するノンフィクションを十数冊発表している。会社、という組織を辛辣に考察した『怠けものよ、こんにちは』(ダイヤモンド社)はフランスで50万部のベストセラーになった。「ニューヨーク・タイムズ」誌上でカウンター・カルチャーのアイコンとして紹介されるなど、独自の活動を続けている。

画●アンヌ・シモン
1980年、フランス生まれ。アングレーム美術学校とパリ国立高等装飾芸術学校で学ぶ。2004年、アングレーム国際漫画祭で「若い才能」賞を受賞し、2006年、初のコミック作品『冥府のペルセポネ』(日本語版なし)を出版。本書は「まるでフロイトの脳の断面図を見るかのようだ」と、その独創的な描線と彩色を絶賛された。

訳●岸田秀
1933年、香川県生まれ。「人間は本能が壊れた動物である」という前提から、自我や家族、歴史、国家、セックスにいたるまで「幻想」に支えられて成り立っているという「唯幻論」を提唱。著書に『ものぐさ精神分析』(正・続、ともに中公文庫)『性的唯幻論序説』『唯幻論物語』(ともに文春新書)『母親幻想』(新書館)『唯幻論大全』(飛鳥新社)など。

## 高校生からの フロイト漫画講座

二〇一四年四月十日　第一刷発行

原作　コリンヌ・マイエール
漫画　アンヌ・シモン
訳者　岸田　秀
装幀　アルビレオ
発行者　首藤知哉
発行所　株式会社いそっぷ社
〒一四六-〇〇八五
東京都大田区久が原五-五一-九
電話　〇三(三七五四)八一一九

印刷・製本　シナノ印刷株式会社

落丁・乱丁本はおとりかえいたします。
本書の無断複写・複製・転載を禁じます。

ISBN978-4-900963-61-0　C0095

定価はカバーに表示してあります。